에크리.
빛과 실

초판 1쇄 발행 2025년 4월 18일
초판 4쇄 발행 2025년 4월 23일

지은이  한강
펴낸이  이광호
주간  이근혜
편집  이근혜 유하은 김필균 이주이 허단 윤소진 최은지
마케팅  이가은 허황 최지애 남미리 맹정현
제작  강병석
펴낸곳  ㈜문학과지성사
등록번호  제1993-000098호
주소  04034 서울 마포구 잔다리로7길 18(서교동 377-20)
전화  02)338-7224
팩스  02)323-4180(편집) 02)338-7221(영업)
대표메일  moonji@moonji.com
저작권 문의  copyright@moonji.com
홈페이지  www.moonji.com

© 한강, 2025. Printed in Seoul, Korea

ISBN  978-89-320-4356-2  03810

이 책의 판권은 지은이와 ㈜문학과지성사에 있습니다.
양측의 서면 동의 없는 무단 전재 및 복제를 금합니다.

# 빛과 실

한강

에크리.

**차례**

빛과 실 7
가장 어두운 밤에도 31
출간 후에 37
작은 찻잔 59

코트와 나 65
북향 방 68
(고통에 대한 명상) 70
소리(들) 72
아주 작은 눈송이 81

북향 정원 85
정원 일기 99
더 살아낸 뒤 165

빛과 실

지난해 1월, 이사를 위해 창고를 정리하다 낡은 구두 상자 하나가 나왔다. 열어 보니 유년 시절에 쓴 일기장 여남은 권이 담겨 있었다. 표지에 '시집'이라는 단어가 연필로 적힌 얇은 중철 제본을 발견한 것은 그 포개어진 일기장들 사이에서였다. A5 크기의 갱지 다섯 장을 절반으로 접고 스테이플러로 중철한 조그만 책자. 제목 아래에는 삐뚤빼뚤한 선 두 개가 나란히 그려져 있었다. 왼쪽에서부터 올라가는 여섯 단의 계단 모양 선 하나와, 오른쪽으로 내려가는 일곱 단의 계단 같은 선 하나. 그건 일종의 표지화였을까? 아니면 그저 낙서였을 뿐일까? 책자의 뒤쪽 표지에는 1979라는 연도와 내 이름이, 내지에는 모두 여덟 편의 시들이 표지 제목과 같은 연필 필적으로 또박또박 적혀 있었다. 페이지의 하단마다에는 각기 다른 날짜들이 시간순으로 기입되어 있었다. 여덟 살 아이답게 천진하고 서툰 문장들 사이에서, 4월의 날짜가 적힌 시 한 편이 눈에 들어왔다. 다음의 두 행짜리 연들로 시작되는 시였다.

*사랑이란 어디 있을까?*
*팔딱팔딱 뛰는 나의 가슴 속에 있지.*

*사랑이란 무얼까?*
*우리의 가슴과 가슴 사이를 연결해주는 금실이지.*

사십여 년의 시간을 단박에 건너, 그 책자를 만들던 오후의 기억이 떠오른 건 그 순간이었다. 볼펜 깍지를 끼운 몽당연필과 지우개 가루, 아버지의 방에서 몰래 가져온 커다란 철제 스테이플러. 곧 서울로 이사하게 된다는 것을 알게 된 뒤, 그동안 자투리 종이들과 공책들과 문제집의 여백, 일기장 여기저기에 끄적여놓았던 시들을 추려

모아두고 싶었던 마음도 이어 생각났다. 그 '시집'을 다 만들고 나자 어째서인지 누구에게도 보여주고 싶지 않아졌던 마음도.

일기장들과 그 책자를 원래대로 구두 상자 안에 포개어 넣고 뚜껑을 덮기 전, 이 시가 적힌 면을 휴대폰으로 찍어두었다. 그 여덟 살 아이가 사용한 단어 몇 개가 지금의 나와 연결되어 있다고 느꼈기 때문이다. 뛰는 가슴 속 내 심장. 우리의 가슴과 가슴 사이. 그걸 잇는 금(金)실— 빛을 내는 실.

\*

그후 십사 년이 흘러 처음으로 시를, 그 이듬해에 단편소설을 발표하며 나는 '쓰는 사람'이 되었다. 다시 오 년이 더 흐른 뒤에는 약 삼 년에 걸쳐 완성한 첫 장편소설을 발표했다. 시를 쓰는 일도, 단편소설을 쓰는 일도 좋아했지만—지금도 좋아한다—장편소설을 쓰는 일에는 특별

한 매혹이 있었다. 완성까지 아무리 짧아도 일 년, 길게는 칠 년까지 걸리는 장편소설은 내 개인적 삶의 상당한 기간들과 맞바꿈된다. 바로 그 점이 나는 좋았다. 그렇게 맞바꿔도 좋다고 결심할 만큼 중요하고 절실한 질문들 속으로 들어가 머물 수 있다는 것이.

하나의 장편소설을 쓸 때마다 나는 질문들을 견디며 그 안에 산다. 그 질문들의 끝에 다다를 때—대답을 찾아낼 때가 아니라—그 소설을 완성하게 된다. 그 소설을 시작하던 시점과 같은 사람일 수 없는, 그 소설을 쓰는 과정에서 변형된 나는 그 상태에서 다시 출발한다. 다음의 질문들이 사슬처럼, 또는 도미노처럼 포개어지고 이어지며 새로운 소설을 시작하게 된다.

세번째 장편소설인 『채식주의자』를 쓰던 2003년부터 2005년까지 나는 그렇게 몇 개의 고통스러운 질문들 안에서 머물고 있었다. 한 인간이 완전하게 결백한 존재가 되는 것은 가능한가? 우리는 얼마나 깊게 폭력을 거부할 수 있는가? 그걸 위해 더 이상 인간이라는 종에 속하기를 거부하는 이에게 어떤 일이 일어나는가?

폭력을 거부하기 위해 육식을 거부하고, 종내에는 스스로 식물이 되었다고 믿으며 물 외의 어떤 것도 먹으려 하지 않는 주인공 영혜는 자신을 구원하기 위해 매 순간 죽음에 가까워지는 아이러니 안에 있다. 사실상 두 주인공이라고 할 수 있는 영혜와 인혜 자매는 소리 없이 비명을 지르며, 악몽과 부서짐의 순간들을 통과해 마침내 함께 있다. 이 소설의 세계 속에서 영혜가 끝까지 살아 있기를 바랐으므로 마지막 장면은 앰뷸런스 안이다. 타오르는 초록의 불꽃 같은 나무들 사이로 구급차는 달리고, 깨어 있는 언니는 뚫어지게 창밖을 쏘아본다. 대답을 기다리듯, 무엇인가에 항의하듯. 이 소설 전체가 그렇게 질문의 상태에 놓여 있다. 응시하고 저항하며. 대답을 기다리며.

그다음의 소설 『바람이 분다, 가라』는 이 질문들에서 더 나아간다. 폭력을 거부하기 위해 삶과 세계를 거부할 수는 없다. 우리는 결국 식물이 될 수 없다. 그렇다면 어떻게 나아갈 것인가? 정체와 이탤릭체의 문장들이 충돌

하며 흔들리는 미스터리 형식의 이 소설에서, 오랫동안 죽음의 그림자와 싸워왔던 주인공은 친구의 돌연한 죽음이 자살이 아니라는 것을 증명하기 위해 목숨을 걸고 분투한다. 마지막 장면에서 죽음과 폭력으로부터 온 힘을 다해 배로 기어 나오는 그녀의 모습을 쓰며 나는 질문하고 있었다. 마침내 우리는 살아남아야 하지 않는가? 생명으로 진실을 증거해야 하는 것 아닌가?

다섯번째 장편소설인 『희랍어 시간』은 그 질문에서 다시 더 나아간다. 우리가 정말로 이 세계에서 살아나가야 한다면, 어떤 지점에서 그것이 가능한가? 말을 잃은 여자와 서서히 시력을 잃어가는 남자는 각자의 침묵과 어둠 속에서 고독하게 나아가다가 서로를 발견한다. 이 소설을 쓰는 동안 나는 촉각적 순간들에 집중하고 싶었다. 침묵과 어둠 속에서, 손톱을 바싹 깎은 여자의 손이 남자의 손바닥에 몇 개의 단어를 쓰는 장면을 향해 이 소설은 느린 속력으로 전진한다. 영원처럼 부풀어 오르는 순간의 빛 속에서 두 사람은 서로에게 자신의 연한 부분을 보여준

다. 이 소설을 쓰며 나는 묻고 싶었다. 인간의 가장 연한 부분을 들여다보는 것—그 부인할 수 없는 온기를 어루만지는 것—그것으로 우리는 마침내 살아갈 수 있는 것 아닐까, 이 덧없고 폭력적인 세계 가운데에서?

그 질문의 끝에서 나는 다음의 소설을 상상했다. 『희랍어 시간』을 출간한 후 찾아온 2012년의 봄이었다. 빛과 따스함의 방향으로 한 걸음 더 나아가는 소설을 쓰겠다고 나는 생각했다. 마침내 삶을, 세계를 끌어안는 그 소설을 눈부시게 투명한 감각들로 충전하겠다고. 제목을 짓고 앞의 20페이지 정도까지 쓰다 멈춘 것은, 그 소설을 쓸 수 없게 하는 무엇인가가 내 안에 있다는 것을 깨닫게 되었기 때문이었다.

\*

그 시점까지 나는 광주에 대해 쓰겠다는 생각을 단 한 번도 해보지 않았다.

1980년 1월 가족과 함께 광주를 떠난 뒤 사 개월이 채 지나지 않아 그곳에서 학살이 벌어졌을 때 나는 아홉 살이었다. 이후 몇 해가 흘러 서가에 거꾸로 꽂힌 『광주 사진첩』을 우연히 발견해 어른들 몰래 읽었을 때는 열두 살이었다. 쿠데타를 일으킨 신군부에 저항하다 곤봉과 총검, 총격에 살해된 시민들과 학생들의 사진들이 실려 있는, 당시 정권의 철저한 언론 통제로 인해 왜곡된 진실을 증거하기 위해 유족들과 생존자들이 비밀리에 제작해 유통한 책이었다. 어렸던 나는 그 사진들의 정치적 의미를 정확히 이해할 수 없었으므로, 그 훼손된 얼굴들은 오직 인간에 대한 근원적인 의문으로 내 안에 새겨졌다. 인간은 인간에게 이런 행동을 하는가, 나는 생각했다. 동시에 다른 의문도 있었다. 같은 책에 실려 있는, 총상자들에게 피를 나눠 주기 위해 대학병원 앞에서 끝없이 줄을 서 있는 사람들의 사진이었다. 인간은 인간에게 이런 행동을 하는가. 양립할 수 없어 보이는 두 질문이 충돌해 풀 수 없는 수수께끼가 되었다.

그러니까 2012년 봄, '삶을 껴안는 눈부시게 밝은 소설'을 쓰려고 애쓰던 어느 날, 한 번도 풀린 적 없는 그 의문들을 내 안에서 다시 만나게 된 것이었다. 오래전에 이미 나는 인간에 대한 근원적 신뢰를 잃었다. 그런데 어떻게 세계를 껴안을 수 있겠는가? 그 불가능한 수수께끼를 대면하지 않으면 앞으로 갈 수 없다는 것을, 오직 글쓰기로만 그 의문들을 꿰뚫고 나아갈 수 있다는 것을 깨닫게 된 순간이었다.

그 후 일 년 가까이 새로 쓸 소설에 대한 스케치를 하며, 1980년 5월 광주가 하나의 겹으로 들어가는 소설을 상상했다. 그러다 망월동 묘지에 찾아간 것은 같은 해 12월, 눈이 몹시 내리고 난 다음 날 오후였다. 어두워질 무렵 심장에 손을 얹고 얼어붙은 묘지를 걸어 나오면서 생각했다. 광주가 하나의 겹이 되는 소설이 아니라, 정면으로 광주를 다루는 소설을 쓰겠다고. 9백여 명의 증언을 모은 책을 구해, 약 한 달에 걸쳐 매일 아홉 시간씩 읽어 완독했다. 이후 광주뿐 아니라 국가폭력의 다른 사례들을 다룬

자료들을, 장소와 시간대를 넓혀 인간들이 전 세계에 걸쳐, 긴 역사에 걸쳐 반복해온 학살들에 대한 책들을 읽었다.

그렇게 자료 작업을 하던 시기에 내가 떠올리곤 했던 두 개의 질문이 있다. 이십대 중반에 일기장을 바꿀 때마다 맨 앞 페이지에 적었던 문장들이다.

*현재가 과거를 도울 수 있는가?*
*산 자가 죽은 자를 구할 수 있는가?*

자료를 읽을수록 이 질문들은 불가능한 것으로 판명되는 듯했다. 인간성의 가장 어두운 부분들을 지속적으로 접하며, 오래전에 금이 갔다고 생각했던 인간성에 대한 믿음이 마저 깨어지고 부서지는 경험을 했기 때문이다. 이 소설을 쓰는 일을 더 이상 진척할 수 없겠다고 거의 체념했을 때 한 젊은 야학 교사의 일기를 읽었다. 1980년 5월 당시 광주에서 군인들이 잠시 물러간 뒤 열흘 동안 이루어졌던 시민자치의 절대공동체에 참여했으며, 군인들이 되돌아오기로 예고된 새벽까지 도청 옆 YWCA에 남아 있다 살해되었던, 수줍은 성격의 조용한 사람이었다는 박용준은 마지막 밤에 이렇게 썼다. "하느님, 왜 저에게는 양심이 있어 이렇게 저를 찌르고 아프게 하는 것입니까? 저는 살고 싶습니다."

그 문장들을 읽은 순간, 이 소설이 어느 쪽으로 가야 하는지 벼락처럼 알게 되었다. 두 개의 질문을 이렇게 거꾸로 뒤집어야 한다는 것도 깨닫게 되었다.

*과거가 현재를 도울 수 있는가?*
*죽은 자가 산 자를 구할 수 있는가?*

이후 이 소설을 쓰는 동안, 실제로 과거가 현재를 돕고 있다고, 죽은 자들이 산 자를 구하고 있다고 느낀 순간들이 있었다. 이따금 그 묘지에 다시 찾아갔는데, 이상하게도 갈 때마다 날이 맑았다. 눈을 감으면 태양의 주황빛이 눈꺼풀 안쪽에 가득 찼다. 그것이 생명의 빛이라고 나는 느꼈다. 말할 수 없이 따스한 빛과 공기가 내 몸을 에워싸고 있다고.

열두 살에 그 사진첩을 본 이후 품게 된 나의 의문들은 이런 것이었다. 인간은 어떻게 이토록 폭력적인가? 동시에 인간은 어떻게 그토록 압도적인 폭력의 반대편에 설 수 있는가? 우리가 인간이라는 종에 속한다는 사실은 대체 무엇을 의미하는가? 인간의 참혹과 존엄 사이에서, 두 벼랑 사이를 잇는 불가능한 허공의 길을 건너려면 죽은 자들의 도움이 필요했다. 이 소설의 주인공인 어린 동호가 어머니의 손을 힘껏 끌고 햇빛이 비치는 쪽으로 걸었던 것처럼.

당연하게도 나는 그 망자들에게, 유족들과 생존자들에게 일어난 어떤 일도 돌이킬 수 없었다. 할 수 있는 것은 내 몸의 감각과 감정과 생명을 빌려드리는 것뿐이었다. 소설의 처음과 끝에 촛불을 밝히고 싶었기에, 당시 시신을 수습하고 장례식을 치르는 곳이었던 상무관에서 첫 장면을 시작했다. 그곳에서 열다섯 살의 소년 동호가 시신들 위로 흰 천을 덮고 촛불을 밝힌다. 파르스름한 심장 같은 불꽃의 중심을 응시한다.

이 소설의 한국어 제목은 『소년이 온다』이다. '온다'는 '오다'라는 동사의 현재형이다. 너라고, 혹은 당신이라고 2인칭으로 불리는 순간 희끄무레한 어둠 속에서 깨어난 소년이 혼의 걸음걸이로 현재를 향해 다가온다. 점점 더 가까이 걸어와 현재가 된다. 인간의 잔혹성과 존엄함이 극한의 형태로 동시에 존재했던 시공간을 광주라고 부를 때, 광주는 더 이상 한 도시를 가리키는 고유명사가 아니라 보통명사가 된다는 것을 나는 이 책을 쓰는 동안 알게 되었다. 시간과 공간을 건너 계속해서 우리에게 되돌아오는 현재형이라는 것을. 바로 지금 이 순간에도.

\*

그렇게 『소년이 온다』를 완성해 마침내 출간한 2014년 봄, 나를 놀라게 한 것은 독자들이 이 소설을 읽으며 느꼈다고 고백해 온 고통이었다. 내가 이 소설을 쓰는 과정에서 느낀 고통과, 그 책을 읽은 사람들이 느꼈다고 말하는 고통이 연결되어 있다는 사실에 대해 나는 생각해야만 했다. 그 고통의 이유는 무엇일까? 우리는 인간성을 믿고자 하기에, 그 믿음이 흔들릴 때 자신이 파괴되는 것을 느끼는 것일까? 우리는 인간을 사랑하고자 하기에, 그 사랑이 부서질 때 고통을 느끼는 것일까? 사랑에서 고통이 생겨나고, 어떤 고통은 사랑의 증거인 것일까?

같은 해 6월에 꿈을 꾸었다. 성근 눈이 내리는 벌판을 걷는 꿈이었다. 벌판 가득 수천수만 그루의 검은 통나무들이 심겨 있고, 하나하나의 나무 뒤쪽마다 무덤의 봉분들이 있었다. 어느 순간부터 운동화 아래에 물이 밟혀 뒤를 돌아보자, 지평선인 줄 알았던 벌판의 끝에서부터 바다가 밀려 들어오고 있었다. 왜 이런 곳에다 이 무덤들을 썼을까, 나는 스스로에게 물었다. 아래쪽 무덤들의 뼈들은 모두 쓸려가버린 것 아닐까. 위쪽 무덤들의 뼈들이라도 옮겨야 하는 것 아닐까, 더 늦기 전에 지금. 하지만 어떻게 그게 가능할까? 나에게는 삽도 없는데. 벌써 발목까지 물이 차오르고 있는데. 꿈에서 깨어나 아직 어두운 창문을 보면서, 이 꿈이 무엇인가 중요한 것을 말하고 있다고 느꼈다. 꿈을 기록한 뒤에는 이것이 다음 소설의 시작이 될 것 같다는 생각을 했다.

 그것이 어떤 소설일지 아직 알지 못한 채 그 꿈에서 뻗어 나갈 법한 몇 개의 이야기를 앞머리만 썼다 지우기를 반복하다가, 2017년 12월부터 이 년여 동안 제주도에 월세방을 얻어 서울을 오가는 생활을 했다. 바람과 빛과 눈비가 매 순간 강렬한 제주의 날씨를 느끼며 숲과 바닷가와 마을 길을 걷는 동안 소설의 윤곽이 차츰 또렷해지는 것을 느꼈다. 『소년이 온다』를 쓸 때와 비슷한 방식으로 학살 생존자들의 증언들을 읽고 자료를 공부하며, 언어로 치환하는 것이 거의 불가능하게 느껴지는 잔혹한 세부들을 응시하며 최대한 절제하여 써간 『작별하지 않는다』를 출간한 것은, 검은 나무들과 밀려오는 바다의 꿈을 꾼 아침으로부터 약 칠 년이 지났을 때였다.

소설을 쓰는 동안 사용했던 몇 권의 공책들에 나는 이런 메모를 했다.

*생명은 살고자 한다. 생명은 따뜻하다.*
*죽는다는 건 차가워지는 것. 얼굴에 쌓인 눈이 녹지 않는 것.*
*죽인다는 것은 차갑게 만드는 것.*

*역사 속에서의 인간과 우주 속에서의 인간.*

*바람과 해류. 전 세계를 잇는 물과 바람의 순환. 우리는 연결되어 있다. 연결되어 있다, 부디.*

이 소설은 모두 3부로 이루어져 있다. 1부의 여정이 화자인 경하가 서울에서부터 제주 중산간에 있는 인선의 집까지 한 마리 새를 구하기 위해 폭설을 뚫고 가는 횡의 길이라면, 2부는 그녀와 인선이 함께 인간의 밤 아래로—

1948년 겨울 제주도에서 벌어졌던 민간인 학살의 시간으로—, 심해 아래로 내려가는 수직의 길이다. 마지막 3부에서 두 사람이 그 바다 아래에서 촛불을 밝힌다.

친구인 경하와 인선이 촛불을 넘겼다가 다시 건네받듯 함께 끌고 가는 소설이지만, 그들과 연결되어 있는 진짜 주인공은 인선의 어머니인 정심이다. 학살에서 살아남은 뒤, 사랑하는 사람의 뼈 한 조각이라도 찾아내 장례를 치르고자 싸워온 사람. 애도를 종결하지 않는 사람. 고통을 품고 망각에 맞서는 사람. 작별하지 않는 사람. 평생에 걸쳐 고통과 사랑이 같은 밀도와 온도로 끓고 있던 그녀의 삶을 들여다보며 나는 묻고 있었던 것 같다. 우리는 얼마나 사랑할 수 있는가? 어디까지가 우리의 한계인가? 얼마나 사랑해야 우리는 끝내 인간으로 남는 것인가?

\*

『작별하지 않는다』를 출간한 뒤 삼 년이 흐른 지금, 아직 나는 다음의 소설을 완성하지 못하고 있다. 그 책을 완성한 다음에 쓸 다른 소설도 오래전부터 나를 기다리고 있다. 태어난 지 두 시간 만에 세상을 떠난 언니에게 내 삶을 잠시 빌려주려 했던, 무엇으로도 결코 파괴될 수 없는 우리 안의 어떤 부분을 들여다보고 싶었던 『흰』과 형식적으로 연결되는 소설이다. 완성의 시점들을 예측하는 것은 언제나처럼 불가능하지만, 어쨌든 나는 느린 속도로나마 계속 쓸 것이다. 지금까지 쓴 책들을 뒤로하고 앞으로 더 나아갈 것이다. 어느 사이 모퉁이를 돌아 더 이상 과거의 책들이 보이지 않을 만큼, 삶이 허락하는 한 가장 멀리.

내가 그렇게 멀리 가는 동안, 비록 내가 썼으나 독자적인 생명을 지니게 된 나의 책들도 자신들의 운명에 따라 여행을 할 것이다. 차창 밖으로 초록의 불꽃들이 타오르는 앰뷸런스 안에서 영원히 함께 있게 된 두 자매도. 어둠과 침묵 속에서 남자의 손바닥에 글씨를 쓰고 있는, 곧 언어를 되찾게 될 여자의 손가락도. 태어난 지 두 시간 만에 세상을 떠난 내 언니와, 끝까지 그 아기에게 '죽지 마, 죽지 마라 제발'이라고 말했던 내 젊은 어머니도. 내 감은 눈꺼풀들 속에 진한 오렌지빛으로 고이던, 말할 수 없이 따스한 빛으로 나를 에워싸던 그 혼들은 얼마나 멀리 가게 될까? 학살이 벌어진 모든 장소에서, 압도적인 폭력이 쓸고 지나간 모든 시간과 공간에서 밝혀지는, 작별하지 않기를 맹세하는 사람들의 촛불은 어디까지 여행하게 될까? 심지에서 심지로, 심장에서 심장으로 이어지는 금(金)실을 타고?

\*

지난해 1월 낡은 구두 상자에서 찾아낸 중철 제본에서, 1979년 4월의 나는 두 개의 질문을 스스로에게 하고 있었다.

*사랑이란 어디 있을까?*
*사랑은 무얼까?*

한편 『작별하지 않는다』를 출간한 2021년 가을까지, 나는 줄곧 다음의 두 질문이 나의 핵심이라고 생각해왔었다.

*세계는 왜 이토록 폭력적이고 고통스러운가?*
*동시에 세계는 어떻게 이렇게 아름다운가?*

이 두 질문 사이의 긴장과 내적 투쟁이 내 글쓰기를 밀고 온 동력이었다고 오랫동안 믿어왔다. 첫 장편소설부터 최근의 장편소설까지 내 질문들의 국면은 계속해서 변하며 앞으로 나아갔지만, 이 질문들만은 변하지 않은 일관된 것이었다고. 그러나 이삼 년 전부터 그 생각을 의심하게 되었다. 정말 나는 2014년 봄 『소년이 온다』를 출간하고 난 뒤에야 처음으로 사랑에 대해—우리를 연결하는 고통에 대해—질문했던 것일까? 첫 소설부터 최근의 소설까지, 어쩌면 내 모든 질문들의 가장 깊은 겹은 언제나 사랑을 향하고 있었던 것 아닐까? 그것이 내 삶의 가장 오래고 근원적인 배움이었던 것은 아닐까?

사랑은 '나의 심장'이라는 개인적인 장소에 위치한다고 1979년 4월의 아이는 썼다. (*팔딱팔딱 뛰는 나의 가슴 속에 있지.*) 그 사랑의 정체에 대해서는 이렇게 대답했다. (*우리의 가슴과 가슴 사이를 연결해주는 금실이지.*)

소설을 쓸 때 나는 신체를 사용한다. 보고 듣고 냄새 맡고 맛보고 부드러움과 온기와 차가움과 통증을 느끼는, 심장이 뛰고 갈증과 허기를 느끼고 걷고 달리고 바람과 눈비를 맞고 손을 맞잡는 모든 감각의 세부들을 사용한다. 필멸하는 존재로서 따뜻한 피가 흐르는 몸을 가진 내가 느끼는 그 생생한 감각들을 전류처럼 문장들에 불어넣으려 하고, 그 전류가 읽는 사람들에게 전달되는 것을 느낄 때면 놀라고 감동한다. 언어가 우리를 잇는 실이라는 것을, 생명의 빛과 전류가 흐르는 그 실에 나의 질문들이 접속하고 있다는 사실을 실감하는 순간에. 그 실에 연결되어주었고, 연결되어줄 모든 분들에게 마음 깊은 감사의 인사를 드린다.

● 노벨문학상 수상 강연문 ©The Nobel Foundation 2024

# 가장 어두운 밤에도

여덟 살 때의 어느 날을 기억합니다.

주산 학원의 오후 수업을 마치고 나오자마자 소나기가 퍼붓기 시작했습니다. 맹렬한 기세여서, 이십여 명의 아이들이 현관 처마 아래 모여 서서 비가 그치길 기다렸습니다. 도로 맞은편에도 비슷한 건물이 있었는데, 마치 거울을 보는 듯 그 처마 아래에서도 수십 명의 사람들이 나오지 못하고 서 있는 모습이 보였습니다. 쏟아지는 빗발을 보며, 팔과 종아리를 적시는 습기를 느끼며 기다리던 찰나 갑자기 깨달았습니다. 나와 어깨를 맞대고 선 사람들과 건너편의 저 모든 사람들이 '나'로 살고 있다는 사실을. 내가 저 비를 보듯 저 사람들 하나하나가 비를 보고 있다. 내가 얼굴에 느끼는 습기를 저들도 감각하고 있다.

그건 수많은 일인칭들을 경험한 경이의 순간이었습니다.

 돌아보면 제가 문학을 읽고 써온 모든 시간 동안 이 경이의 순간을 되풀이해 경험하고 있었던 것 같습니다. 언어라는 실을 통해 타인들의 폐부까지 흘러 들어가 내면을 만나는 경험. 내 중요하고 절실한 질문들을 꺼내 그 실에 실어, 타인들을 향해 전류처럼 흘려 내보내는 경험.

 어렸을 때부터 궁금했습니다. 우리는 왜 태어났는지. 왜 고통과 사랑이 존재하는지. 그것들은 수천 년 동안 문학이 던졌고, 지금도 던지고 있는 질문들입니다. 우리가 이 세계에서 잠시 머무는 의미는 무엇일까요? 이 세계에서 우리가 끝끝내 인간으로 남는다는 건 얼마나 어려운 일일까요? 가장 어두운 밤에 우리의 본성에 대해 질문하는, 이 행성에 깃들인 사람들과 생명체들의 일인칭을 끈질기게 상상하는, 끝끝내 우리를 연결하는 언어를 다루는 문학에는 필연적으로 체온이 깃들어 있습니다. 그렇게 필

연적으로, 문학을 읽고 쓰는 일은 생명을 파괴하는 행위들의 반대편에 서 있습니다. 폭력의 반대편인 이 자리에 함께 서 있는 여러분과 함께, 문학을 위한 이 상의 의미를 나누고 싶습니다. 감사합니다.

• 노벨문학상 수상 소감 ©The Nobel Foundation 2024

# 출간 후에

**1**
소설이 출간되었다.

더 이상 새벽에 일어나 초를 켜지 않아도 된다.
외딴집이 정전됐을 때 촛불이 얼마나 밝은지 보려고 보일러 센서 등을 가리고 냉장고 코드를 뽑지 않아도 된다. 거인 같은 그림자가 천장에 일렁이는 걸 보려고 초를 들고 서성이지 않아도 된다. 촛불의 빛이 지나갈 때마다 낮은 목소리처럼 일어섰다가 어두워지는 책등의 제목들을 읽지 않아도 된다.

살갗에서 눈이 녹는 감각을 기억하려고 손이 뻣뻣해질

때까지 눈을 쥐었다 펴기를 반복하지 않아도 된다. 눈이 내리기 시작할 때마다 가장 가까운 산을 향해 택시로 달려가지 않아도 된다. 산 아래 다다랐을 때 눈이 그친 것에 실망하지 않아도 된다. 등산객들을 위한 식당에서 반쯤 나물밥을 먹다가 창밖으로 다시 눈이 내리는 걸 보고 일어서지 않아도 된다. 등산로를 벗어나 숲속으로, 더 깊은 숲속으로 들어가지 않아도 된다.

더 이상 자료를 읽지 않아도 된다. 검색창에 '학살'이란 단어를 넣지 않아도 된다. 구덩이 안쪽을 느끼려고 책상 아래 모로 누워 있지 않아도 된다. 매일 지나치는 도로변 동산의 나무들 사이로 햇빛이 떨어지고 녹음 아래 그늘이 유난히 캄캄할 때, 거기 시체들이 썩어가는 모습을 떠올리지 않아도 된다.

울지 않아도 된다.

더 이상 눈물로 세수하지 않아도 된다.

바람 부는 자정에 천변 길을 걷지 않아도 된다.

산 사람들보다 죽은 사람들을 더 가깝게 느끼지 않아도 된다.

더 이상 이 소설을 포기하지 않아도 된다.
언젠가 이 소설에서 풀려날 날을 기다리지 않아도 된다. 자유를 얻으면 하고 싶은 일들과 해야 할 일들의 목록을 늘려가지 않아도 된다.


**2**
가벼워진다.

더 가벼워진다.

뼈와 가죽 안에 아무것도 남지 않은 것처럼.

동트기 전 어둠 속에서 생각한다. 이제 멀어진 사람 같은 나의 소설을. 우리는 서로를 껴안고 있었는데, 결사적으로 서로가 서로를 버텨주었는데, 나만 여기 남았구나.

그런데 '나'는 원래 누구였던가?
예전에 나였던 사람은 이미 이 소설로 인해 변형되었으므로 이제 그 사람으로 돌아갈 수는 없다. 그러니 바꿔 물어야 한다.
지금의 나는 누구인가? 이렇게 텅 빈, 헐벗어 있는 이 사람은?


3
소설을 쓰던 때보다 오히려 책을 덜 읽는다. 걷기도 스트레칭도 근력 운동도 덜 한다. 오후 내내 누워 음악을 듣는다. 세탁기 돌아가는 소리를 처음부터 끝까지 듣기도 한다.

목록에 적혀 있던 일들을 이미 다 했다.

만나고 싶던 사람들을 만났다. 읽고 싶던 것들을 읽었다. 보고 싶던 영화들도 보았다.

언젠가 가보고 싶었던 선유도공원의 폐허 같은 구조물들과 초록 숲 사이를 걷다 돌아오기도 했다.

**4**

한 가지 생각—결심—이 떠오른다.

다시 쓰면 된다, 소설을.

그것만이 다시 연결될 방법이니까.

그런데 무엇과 연결되는 걸까 나는, 쓰기를 통해? 오직 쓰기만이 연결해주는 그걸 위해 나는 이렇게 헐벗은 채 준비되어 있는 걸까? 울퉁불퉁한 자아에 걸려 전류가 멈추지 않도록?


5
어쨌든 루틴이 돌아온다.

매일 시집과 소설을 한 권씩 읽는다, 문장들의 밀도로 다시 충전되려고. 스트레칭과 근력 운동과 걷기를 하루에 두 시간씩 한다, 다시 책상 앞에 오래 앉아 있을 수 있게.

그러나 여러 주 동안 고작 한 페이지를 쓰고 난 뒤 깨닫는다. 지금 다음 소설을 쓰는 건 애초에 무리였다. 눈 이야기의 삼부작으로 묶으려 했던 두 편의 중편소설이 오랫동안 따로 떨어져 있는 게 마음에 걸려, 세번째 중편을 새로 써서 얼른 단행본으로 묶겠다고 마음먹었던 거였다.

하지만 너무 춥지 않나. 나는 더 이상 얼고 싶지 않다.


6

그렇게 포기하고 있을 즈음 출판사에서 연락이 온다. 『작별하지 않는다』를 쓰면서 들었던 음악들을 소개하는 영상을 만들어보자고 한다. 리스트를 먼저 보내야 한다고 해서 여남은 곡을 추려가다가, 2019년 1월에 잠시 반복해 들었던 노래를 기억해낸다. 이런 가사를 가진 곡이다.

> *나는 일어날 거야.*
> *해처럼 떠오를 거야.*
> *통증을 무릅쓰고*
> *그걸 천 번 반복할 거야.*

이 노래를 처음 들은 날, 달력 종이 뒷면에 1부터 1000까지 숫자를 적어 벽에 붙였었다. 하루에 하나씩 지우자고 생각했다. 하루씩 살고 쓰자고, 그걸 천 번만 반복하자고. 너무 오래 잠을 못 자서 그런 생각을 했다. 남은 삶에는 평화도 희망도 없고 나빠질 일만 남았다는 결론에 다다라 있어서. 이상한 일은 소설을 써갈수록 점점 살게 되었다는 것이다. 잠드는 시간이 조금씩 늘었고, 차츰 악몽을 덜 꾸게 되었다. 피와 시체와 유골로 가득한 소설을 쓰면서 어떻게 그럴 수 있었을까? 2020년 가을에 초고를 완성하면서, 마지막 장면에서 경하가 성냥 불꽃을 켰을 때 알았다. 이것이 사랑에 대한 소설이라는 걸. 깨어진 유리를 녹여 다시 온전한 덩어리로 만드는 불길인 걸.


7

『작별하지 않는다』의 첫 페이지를 쓴 날로부터 완성하기까지 거의 칠 년이 걸렸으니, 그사이 퍽 많은 양의 메모를 했다. 얇은 노트로 열 권이 넘는, 스스로 묻고 답하고 길을 찾으려 더듬어간 기록들이다. 각기 다른 인물, 다른 내러티브로 원고지 오십 매, 백 매, 길게는 이백 매까지 써본 버전들도 남아 있다(최초의 제목은 '새가 돌아온 밤'이었다). 2018년 겨울에 들고 다녔던 얇은 노트를 열어보니 이런 메모가 적혀 있다.

*기도.*
*치고 들어오는 세계.*
*이것이 세계인가?*
*아이들이 죽어가고 여자들이 강간당하는,*
*이것이 우리에게 주어진 세계인가?*

*그러나 살아 있으므로 아름다운 것들.*
*지독하게*
*무정하게 아름다운 것들.*

*유령.*
*종려나무.*

팔을 흔드는 검은 나무.

악몽 같은 현실에서 구원을 원하는 인간의 이야기.
공포와 폭력.
기도의 이야기.

바람과 해류.
전 세계를 잇는
물과 바람의 순환.
우리는 연결되어 있다.
연결되어 있다,
부디.

눈이 내렸다.
작별하지 않는다.

역사 속에서의 인간.
우주 속에서의 인간.

내 몸의 감각.
육체. 연약한. 필멸하는.

'나'는 그 집에 가게 된다.
모두 '나'를 떠난 뒤에.
거의 폐인이 되어.

어디까지 차가울 것인가,
따뜻할 것인가,
뜨거울 것인가의 문제.

  학살에 대하여 쓴 '나'가, 학살에서 살아남은 부모를 둔 친구의 집에서 하루를 보낸다.

어떤 임계에서, 산 자가 마치 혼처럼 되어서, 극심한 고통의 마지막 가장자리에서, 몸을 빠져나와 마침내 너머의 것을 보게 되는 순간.

삶의 유한성,
존재의 시간성.
극한의 무의미.
시간의 불꽃.

눈의 침묵에 대해 생각해야 한다.
눈이 소리를 빨아들이며
내 목소리, 새의 소리도 빨아들일지 모른다는 생각.

바람이 그치고 마침내 오직 눈만이.
어떤 소리도 내지 않으며 모든 음향을 흡음하는 눈만이.

이곳은 그녀의 집.
톱을 깔고 자는 어머니와
밤이면 섬망에 시달리며 산으로 올라가는 아버지의 집.

행렬.
그 모든 행렬들.
아메리칸인디언들. 아우슈비츠.

모든 학살들.
얼굴이 없는 사람들.
뭉개어진 사람들.

내가 그 밤 서울에서 본,
머리가 길고 걸음이 느린,
총을 든 사람들의 행렬.

눈은 얼마나 많은 공기의 틈을 가지고 있는가?

*결정(結晶)들.*

죽는다는 건 차가워지는 것.
얼굴에 쌓인 눈이 녹지 않는 것.
죽인다는 건 차갑게 만드는 것.

대사: 숲속을 걷다가 갑자기 깨달았어. 내가 귀신들과 평생을 살아왔다는 걸. 그럴 필요가 없었는데. 정말 그럴 필요가 없었어. 네 제안을 거절할 수 있었어. 하지만 거절하기 싫었어. 생각했어. 아흔아홉 개의, 무한의 혼들을 깎자고. 그리고 맹세로서 작별하자고. 아니, 반대로 하자고. 결코 작별하지 말자고. 맹세로서.

## 8

2020년 9월과 10월에 집중적으로 이 소설의 2부를 쓰면서, 집이 떠나가도록 크게 음악을 틀어놓을 때가 있었다. 김광석이 기타 하나, 하모니카 한 대와 함께 콘서트에서 부른 「나의 노래」를 많이 들었다. 가사 속 한 문장이 언제나 마음을 흔들었다.

> *흔들리고 넘어져도 이 세상 속에는*
> *마지막 한 방울의 물이 있는 한*
> *나는 마시고 노래하리*

음악을 들으며, 내가 김연아라고 생각하면서 스파이럴 동작을 흉내 내기도 했다. 온몸을 써서 춤도 췄다. 빙글빙글 돌고 있으면 눈물이 나기도 했다. 엉엉 소리 내어 울기도 했다.

그리고 다시 책상 앞에 앉는다.

쓴다…… 쓴다.
울면서 쓴다.

흐름을 끊기 싫어 부엌에 선 채로 요기를 했다.
화장실에 뛰어갔다 돌아오기도 했다.

그렇게 다시 태어나고 있었다.
온 힘으로 되살아나고 있었다.


9

그보다 앞서 『소년이 온다』를 썼던 일 년 육 개월을 기억하려 하면 가장 먼저 떠오르는 건 압도적인 고통이다. 그걸 일종의 '들림'이었다고 말한다면 손쉬운 일일 거다. 내가 작가로서 영매의 시간을 건너갔다고 근사하게 말한다면. 하지만 그건 사실이 아니다. 그때 나는 '들리'지 않았다. 어떤 트랜스 상태에도 들어가지 않았다. 매 순간 분명하게 정신을 차리고 있었다. 고통이 나를 부수고 또 부수는 걸 견디면서. 작업실에서, 지하철에서, 횡단보도에서, 부엌에서, 이불 속에서 이를 물고 울고 있는 내가 미친 사람처럼 보였겠지만, 사실은 조금도 미치지 않았다.

그 고통이 대체 무엇이었던가를, 『소년이 온다』를 쓰고 나서 곰곰이 생각해야 했다. 그 소설을 읽은 사람들도 함께 느꼈다고 말하는 바로 그 고통을. 그 생생한 고통은 대체 무엇을 증거하는 걸까? 설마, 그건 사랑인가? 지극한 사랑에서 고통이 나오고, 그 고통은 사랑을 증거하는 걸까? 그렇다면 그 사랑에 대한 다음 소설을 쓰고 싶었다.

**10**
『작별하지 않는다』를 쓰던 과정도 마찬가지였다. 소설이 환상성과 현실의 경계에 걸쳐져 있는 것과 별개로 매 순간 분명하게 나는 정신을 차리고 있었다. 행여 그런 식의 오해를 받을까 봐 입 밖에 꺼내본 적 없는 어떤 생각을, 얼마 전 한 격월간 문예지의 인터뷰에서 털어놓았다. 인터뷰어였던 동료 소설가에 대한 믿음 때문이었을 거다.

『작별하지 않는다』는 소설이 되기 이전에 노트에 어떻게 기록되어 있었나요?

죽음에서 삶으로 가는 소설. 절반 죽어 있던 사람들이 생명을 얻는 소설. 바다 아래에서 촛불을 켜는 소설. 어떻게 보면 좀 이상한 이야기처럼 들릴 수 있는데…… 항공기 조종사가 우울증을 앓다가 아주 많은 사람들과 함께 추락해서 자살한 사건이 있었잖아요. 살아 있던 사람들을 아주 많이 살해하며 죽었어요. 그런데 절반 죽은 또 다른 사람이, 그 항공기 사건과는 정반대로, 삶으로 건너오면서 죽어 있던 많은 사람들과 함께 살아날 수도 있지 않을까요? 물론 살아 있는 사람들은 죽을 수 있지만, 죽은 사람들이 되살아나는 건 현실에서 불가능한 방향이죠. 하지만 어떤 한 순간에는 가능하지 않을까요? 반쯤 죽어 있던 사람이 혼들과 함께, 단 한 순간 삶으로 함께 건너올 수 있지 않을까요?


**11**
『작별하지 않는다』를 쓰던 과정에서 내가 구해졌다면, 그건 (목적이 아니라) 부수적인 결과였을 뿐이었다.

글쓰기가 나를 밀고 생명 쪽으로 갔을 뿐이다.

날마다 정심의 마음으로 눈을 뜨던 아침들이.
고통과 사랑이 같은 밀도로 끓던 그의 하루하루가.

날개처럼, 불꽃처럼 펼쳐지던 순간들의 맥박이.
촛불을 넘겨주고 다시 넘겨받기를 반복하던 인선과 경

하의 손들이.


**12**

그렇게 덤으로 내가 생명을 넘겨받았다면, 이제 그 생명의 힘으로 나아가야 하는 것 아닐까?

생명을 말하는 것들을, 생명을 가진 동안 써야 하는 것 아닐까?

허락된다면 다음 소설은 이 마음에서 출발하고 싶다.

[2022]

# 작은 찻잔

『작별하지 않는다』를 쓰는 동안 몇 개의 루틴을 지키려고 노력했다. (늘 성공했던 것은 아니다.)

1. 아침 5시 30분에 일어나 가장 맑은 정신으로 전날까지 쓴 소설의 다음을 이어 쓰기.
2. 당시 살던 집 근처의 천변을 하루 한 번 이상 걷기.
3. 보통 녹차 잎을 우리는 찻주전자에 홍차 잎을 넣어 우린 다음 책상으로 돌아갈 때마다 한 잔씩만 마시기.

그렇게 하루에 예닐곱 번, 이 작은 잔의 푸르스름한 안쪽을 들여다보는 일이 당시 내 생활의 중심이었다.

• 스톡홀름 노벨박물관에 기증한 찻잔과 메시지[2024]

**코트와 나**


나는 오십 년 늙고
코트는 이십 년 늙었네

서른 살 겨울에 산

긴 겨울 외투는 평생 이거면 되겠다 했던
종아리를 덮는 검정색 코트

안감은 미어지고
밑단 재봉은 두어 번 터졌다 다시 감쳐지고
양쪽 소맷단에 까만 보풀이
물방울들같이 맺힌 코트

오십 년 늙은 내가
이십 년 늙은 코트를 입고
겨울볕 아래로 걸어가네

벽에 걸어놓으면

코트는 나를 닮아 어깨가 수긋하고
텅 빈 안쪽 어둠을
안고 있는지 그저
놓아두고 있는지

반으로 접어 의자에 걸쳐두면
코트는 나를 닮아
먼지투성이 몸을 곧잘 구부릴 줄 알고

어깨를 집고 들어올리면 바닥에 스치며
무겁게 허리를 펼 줄도 알고

나는 오십 년 늙고
코트는 이십 년 늙어

팔을 뻗으면
소매가 순순히 따라오고

깃을 세우면
내 목은 움츠러져 거기 잠기고

내가 코트를 입을 때

코트도 나를 입는지

겉감이 안감을 당기고
안감이 겉감을 두르듯

코트는 나를 안고
나는 코트를 업는지

나는 오십 년 늙고
코트는 이십 년 늙어

함께 이별한 것 끌어안은 것
간절히 기울어져
붙잡았던 것 그러다
끝내 놓친 것
헤아릴 수 없네

나는 오십 년 늙고
코트는 이십 년 늙어
어느 날 헤어질 서로를 안고 업고
겨울별 속으로 걸어가네

**북향 방**


봄부터 북향 방에서 살았다

처음엔 외출할 때마다 놀랐다
이렇게 밝은 날이었구나

겨울까지 익혀왔다
이 방에서 지내는 법을

북향 창 블라인드를 오히려 내리고
책상 위 스탠드만 켠다

차츰 동공이 열리면 눈이 부시다
약간의 광선에도

눈이 내렸는지 알지 못한다
햇빛이 돌아왔는지 끝내
잿빛인 채 저물었는지

어둠에 단어들이 녹지 않게
조금씩 사전을 읽는다

투명한 잉크로 일기를 쓰면 책상에 스며들지 않는다
날씨는 기록하지 않는다

밝은 방에서 사는 일은 어땠던가
기억나지 않고
돌아갈 마음도 없다

북향의 사람이 되었으니까

빛이 변하지 않는

**( 고통에 대한 명상 )**



새를 잠들게 하려고
새장에 헝겊을 씌운다고 했다

검거나
짙은 회색의 헝겊을
(밤 대신 얇은 헝겊을)

밤 속에 하얀 가슴털이 자란다고 했다 솜처럼
부푼다고 했다

철망 바닥에 눕는 새는 죽은 새뿐

기다린다고 했다
횃대에 발을 오그리고
어둠 속에서 꼿꼿이
발가락을 오그려붙이고 암전

꿈 없이
암전

*기억해, 제때 헝겊을 벗기는 걸*

*(눈뜨고 싶었는지도 모르니까,)*

## 소리(들)

I
**단성부**

나는 깨어난다
다시 눈을 뜬다

이 세상에서 하루를 더 산다

비명 소리 속에서
신음 속에서
피 흐르는 눈동자들 속에서

하루를 더 산다

기억하고 있다
우리의 체온을

미소 짓는

서로의 눈을 바라볼 때
손을 맞잡을 때
포옹하며 등을 쓸어내릴 때
햇빛 아래 고요히 마주 앉아 있을 때
어떤 일이 일어나는지

그러나 비명 소리 속에서
신음 속에서
울부짖음 속에서

다시 눈을 뜬다

이 세상에서 하루를 더 산다

## II
## 2성부

희망이 있느냐고
너는 나에게 물었지

어쩌면 희망을 찾을 수 있을 거라는 희망

그런 것도 희망이라고 부를 수 있다면
나에게도 희망은 있어


\*
내가 나일 뿐이라면
나는 너를 만날 수 없지

너가 너일 뿐이라면
너는 나를 만날 수 없어

나는 결코 나로서만 살고 있지 않아,
내가 느끼고 바라보는 모든 걸 나는 살아내니까

너는 결코 너로서만 살고 있지 않아,
너가 생각하고 사랑하는 모든 걸 너는 살아내니까

이상하지 않아?
한 번도 만난 적 없는 사람들이 우리를 두껍게 만든다는 것

두렵지 않아?
결코 통과한 적 없는 시공간의 겹들이 우리를 무겁게 만든다는 것

우리는 우리 키와 체중에 갇혀 있지 않으니까

수십억의 겹으로
부풀어 오르니까

수십억의 겹이
응축돼 단단해지니까


*
희망이 있느냐고

나는 너에게 묻는다

살아 있는 한 어쩔 수 없이 희망을 상상하는 일

그런 것을 희망이라고 불러도 된다면 희망은 있어

우리는 우리 키와 체중에 갇혀 있지 않으니까

## III
## 합창

내 모국어의 안녕은
첫인사이자 마지막 인사

강세와 어조와 맥락으로 구별할 수 있다


\*
안녕, 만나서 반가워.
안녕, 잘 가.

안녕, 다시 만났구나.
안녕, 다시 만나자.


\*
그러나 구별할 수 없다, 어느 쪽인지

강세와 억양이 없다면
한 개의 단어도 곁에 없다면

맥락도
상황도 없다면

그저 '안녕'이라고 속삭이기만 한다면
오직 '안녕'이라고 소리치기만 한다면


\*
최초에 유동하는 없음이 있었다

힘도 무게도 아니었던 그것이
비물질과 물질 사이의 경계를 넘어
10의 -43승 초의 찰나를 통과해 폭발한
확률적 순간

그 후 우리는 여기까지 왔다
끝없이 서로에게서 멀어지면서
영원히 회전하면서
불타면서
식어가면서
빨려들어가면서

팽창하는 우주가 임계에 닿으면
다시 수축해 한 점이 될 거라고 어떤 이들은 말한다
유동하는 없음으로 되돌아갈 거라고
다시 임계를 넘어 폭발하는 확률적 순간이 온다고 말한다


*
안녕,
만나고 헤어졌던 우리는

안녕,
만난 적도 헤어진 적도 없는 우리는


*
시작도
끝도 없이
날개를 펼쳤다 접으며 날아가는 나비처럼

우리가 통과하고 있는 이것이
몇 번째로 수축하고 팽창한 우주인지
우리는 알지 못하고

\*
안녕. (속삭이며)
안녕. (소리치며)

내 모국어의 안녕은

첫인사이자 마지막 인사

## 아주 작은 눈송이


아주 작은 눈송이, 너는
춤추듯
느리게 춤추듯이 왔지
내 얼굴로

다른 모든 눈송이들처럼 수직으로 떨어지지 않고
어쩐 일인지 내 얼굴을 향해 날개를 폈지

그리곤 어디로 가버렸니?
널 다시 보지 못했어.

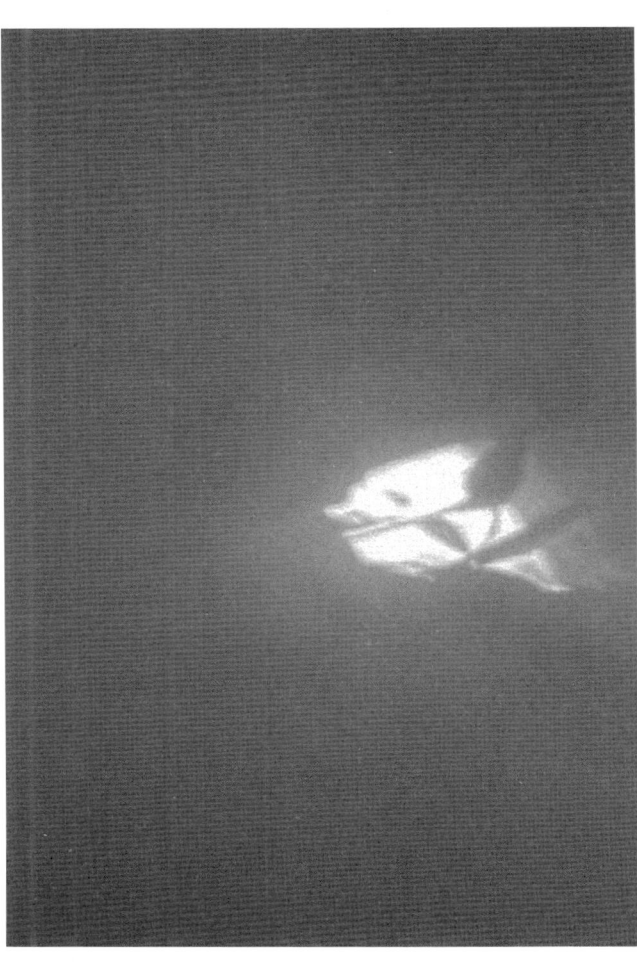

# 북향 정원

열다섯 평 대지에 딸린 열 평 집을 삼 년 전 봄에 샀다. 마흔여덟 살에, 내 명의로 온전히 갖게 된 최초의 집이다. 조용한 보행자 골목에 있다는 점, 해를 가리는 높은 건물이 주변에 없는 단층집이라는 점이 마음에 들었다. 무엇보다 대문을 열고 들어선 순간 조그만 다른 세계에 들어온 것처럼 느껴졌던, 설명할 수 없이 온화한 공기의 감각이 좋았다.

 여름에 잔금을 치른 뒤 최소한으로 집을 고쳤다. 지붕과 벽과 기둥을 그대로 두고 바깥의 화장실만 안으로 들였다. 부엌의 레이아웃은 항공기의 주방처럼 조그맣게 그렸다. 집의 크기에 맞춰 책의 절반을 미리 처분한다 해도, 남은 책들을 꽂으려면 수납공간이 턱없이 부족했기 때문이다. 대문을 여닫고 출입하기 위한 한 평 공간을 제외하면 마당은 약 네 평 정도인데, 집의 일조량을 확보하려면 화단을 북쪽 벽에 붙여야 했다. 가로 백팔십 센티미터, 세로 사십 센티미터의 긴 직사각형 땅에 흙을 채우고 벽돌로 반 뼘 높이의 턱을 쌓은 것이 정원의 밑그림이 되었다.

\*

봄이 되면 뭘 심을까?

궁리하며 그해 겨울을 보내는 동안 가장 자주 떠오른 것은 라일락 향기였다. 대학 시절 학교 서문 근처 골목을 걷다가 어느 집 담장 안에서 흘러나온 라일락 향기에 놀라 멈춰 섰던 기억이 나서였다. 수유리 집 마당에 심겨 있던 옥잠화도 못지않게 자주 떠올랐다. 8월 하순에 하얀 꽃들이 피는 걸 볼 때마다 곧 가을이 오는구나, 생각했었다. 대문 안쪽에 어머니가 꽃씨를 뿌려 늦봄마다 피어나던 모란의 커다란 꽃송이들도, 목련나무 그늘에 평상을 두었던 기억도, 감나무를 올려다보며 새빨간 홍시들을 셌던 기억도 났다.

과실나무를 꼭 한 그루 심을 수 있다면 뭐가 좋을까, 나는 상상했다. 살구? 자두? 모과? 넝쿨을 끝없이 뻗어가는 포도는 어떨까? 과실이 열리진 않지만 장미나 능소화는?

\*

마침내 봄이 되어 무척 앳되어 보이는 조경사님을 소개받았다. 평생 도시 사람으로 살아온 나로서는 제대로 나무들을 심어낼 자신이 없었기 때문이다. 집으로 찾아온 조경사님을 만나 ─'이렇게 작은 현장은 처음이네요'라고 그가 말했다─ 한 시간 동안 이야기를 나눈 끝에 조촐한 목록을 완성했다.

미스김라일락.
청단풍.

불두화.

옥잠과 호스타와 맥문동.

조경사님의 집 정원 구석에 심겨 있다는 어린 청단풍 한 그루를 화단 가운데에 옮겨 심고, 그 양쪽으로 적당한 간격을 두어 관목류인 미스김라일락과 불두화를 심고, 그 사이사이로 키 작은 호스타와 옥잠과 맥문동을 심어 땅을 덮어주는 계획이었다.

이 계획의 가장 중요한 전제가 된 조건은 이 정원이 북향이라는 점이었다. 내가 심고 싶어한 살구나무, 모과나무, 모란, 능소화와 장미는 모두 햇빛을 필요로 한다며 조경사님은 만류했다.

그것들을 심으려면 마당이 더 넓어야 돼요. 그런 나무들은 마당 가운데에서 강한 햇빛을 받아야 해요.

\*

 몇 주 뒤 조경사님이 식물들을 가져왔다. 삽으로 화단의 흙을 깊이 파고, 뿌리가 다치지 않게 조심조심 심고, 커다란 조리개로 물을 듬뿍 준 다음—'물이 엄청나게 잘 빠지네요. 아주 좋아요'—조경사님은 앞으로의 관리법을 알려주었다.

 아무리 작아도 정원은 정원이라 품이 많이 들 거예요.

 그는 웃으며 경고했다.

 그늘에서도 잘 자라는 아이들이긴 하지만, 그래도 건강하게 크게 하려면 거울을 이용하시는 것도 좋아요.

 거울이요?

 놀라 되묻는 나에게 그는 설명했다.

 남쪽으로 비치는 햇빛을 주는 거예요. 반사시켜서. 여기는 종일 빛이 없잖아요.

남쪽으로 비치는 햇빛을 주는 거예요.

그 말을 들은 밤, 각도가 조절되는 탁상용 거울 세 개를 주문했다.

여기는 종일 빛이 없잖아요.

그 거울들을 적당한 각도로 눕혀 햇빛을 모아 나무들에게 보내 주며 일 년쯤의 시간을 보낸 뒤 같은 거울 세 개를 더 주문했다. 올봄에는 추가로 두 개를 더 주문해서 이젠 여덟 개가 되었다.

*

햇빛이 무엇인지 나는 정확히 알지 못했다, 이 정원을

갖게 되기 전까지는.

 이십대 후반까지 단독주택에 살긴 했지만, 가장 많은 시간을 보낸 수유리 집에서 내 방은 북향이었던 데다 남향 거실은 마당 건너 이층집에 막혀 있어 햇빛의 움직임을 제대로 관찰할 기회가 없었다.
 그 집을 떠난 뒤로는 열 손가락으로 다 꼽을 수 없을 만큼 자주 빌라나 아파트로 거처를 옮겨 다녔는데(1층부터 9층까지—6층만 빼고—모두 살아보아서, 피곤한 날 엘리베이터에 오르면 눌러야 할 층수가 혼동될 때도 있었다), 그런 공동주택들에서 햇빛이란 남동쪽이나 서북쪽 창을 통해 들어와서는 베란다나 거실, 방의 일부에 엉거주춤하게 몸을 걸치고 있다가 이내 완고한 콘크리트 벽 뒤로 사라지는, 불완전한 방문을 반복하는 손님 같은 존재였다.

\*

이제 나는 햇빛에 대해 조금 안다고 말할 수 있다.

작은 ㄷ 자 형태로 지어진 이 집은 바깥으로는 동쪽 창이 없다. 하지만 안쪽 마당을 바라보는 조그만 서고에는 있다. 햇빛은 가장 먼저 그 작은 동창을 비춘 뒤 성큼성큼 대문 안쪽을, 그다음엔 부엌 창을 비춘다. 남중한 태양이 비스듬히 쏘아내는 빛이 이윽고 마루에 가득 찰 때, 그 단호한 속력에 나는 매번 놀란다.

\*

나무들에게 햇빛을 주는 날이면, 그 속력에 맞추기 위해 꽤 바쁘게 하루를 보내야 한다.

모든 나무들에게 고루 빛을 쬐여주려면 여덟 개 거울의 각도와 위치를 약 십오 분에 한 번씩 옮겨주어야 한다. 지구가 자전하는 속도의 감각을 그렇게 익히게 되었다.

마찬가지로 지구가 공전하는 속도의 감각도 자연스럽게 배우게 되었다. 계절에 따라 햇빛의 각도가 달라지기 때문에, 거울을 배치하는 위치를 약 사흘마다 조금씩 바꾸어야 한다.

\*

거울로 햇빛을 붙잡아 나무들에게 비춰주면 흰 북쪽 벽에 빛의 창문이 생긴다. 잎과 가지 들의 그림자가 그 안에서 음각화 같은 형상을 만든다.

햇빛이 잎사귀들을 통과할 때 생겨나는 투명한 연둣빛이 있다. 그걸 볼 때마다 내가 느끼는 특유의 감각이 있다. 식물과 공생해온 인간의 유전자에 새겨진 것이리라 짐작되는, 거의 근원적이라고 느껴지는 기쁨의 감각이다. 그 기쁨에 홀려 십오 분마다 쓰기를 중지하고 마당으로 나와 거울들의 위치를 바꾼다. 더 이상 포집할 빛이 없어질 때까지 그 일을 반복한다.

*

*남쪽으로 비치는 햇빛을 주는 거예요. 거울로 반사시켜서.*

*

그렇게 내 정원에는 빛이 있다.

그 빛을 먹고 자라는 나무들이 있다.
잎들이 투명하게 반짝이고 꽃들이 서서히 열린다.

\*

 이 일이 나의 형질을 근본적으로 바꾸고 있다는 것을 지난 삼 년 동안 서서히 감각해왔다. 이 작은 장소의 온화함이 침묵하며 나를 안아주는 동안. 매일, 매 순간, 매 계절 변화하는 빛의 리듬으로.

[2022]

# 정원 일기

2021

3월 21일

화단이 마당 북쪽에 있어서, 나무들이 햇빛을 볼 수 있도록 거울 세 개를 놓았다. 남중하는 햇빛이 느리게 거울을 지나가면 창문 같은 빛이 벽에 비친다.

3월 22일

미스김라일락에 연둣빛 잎이 돋았다. 6·25 때 파병되었던 미국 군인이 이 관목을 한국에서 가져가, (아마도) 인연이 있는 여인이었을 '미스 김'이라는 이름으로 학명을 붙였다고 한다. 그러니까 한국의 토종 라일락은 나무가 아니라 관목인 거다.

지난주에는 앵두나무 분재와 블루베리를 화분으로 들였는데, 앵두꽃은 이제 피고 있고 블루베리꽃은 봉오리를 머금었다.

호스타는 용맹하게 자라고 있다. 겨울 내내 마치 말라 죽은 것 같았는데, 부활하듯 땅을 뚫고 나와 힘차게 솟더니 이제 그만 결기를 풀듯 잎사귀를 천천히 펼치고 있다.

3월 23일

 지난해 5월에 라일락, 불두화, 옥잠화, 맥문동을 화단에 심고, 6월엔 어린 단풍나무를 추가로 심고 꽃댕강나무 화분을 들였다. 다행히 모든 나무들이 그 여름 오십사 일 동안의 기록적인 장마를 살아남았다.

3월 24일

 야생화 씨앗을 빈 화분 세 개에 뿌렸었는데, 사흘 뒤부터 싹이 트더니 이 주 만에 꽤 자랐다. 씨앗의 목록은 k 작가님의 친구 — 원예를 하는 분 — 가 적어주셨다. 설마 다 싹이 틀까? 하는 마음에 한 봉 가득 섞여 들어 있던 백여 개 씨앗을 전부 뿌렸는데, 너무 촘촘하게 싹이 나와 걱정이다.

 스무 개의 목록 중 어떤 씨앗들이 싹 튼 건지는 이제 꽃이 피면 알게 될 거다.

3월 25일

블루베리꽃 봉오리가 햇빛을 받은 아래쪽 가지에서만 부풀고 있기에 오늘은 거울의 각도를 올려주었다. 매일, 매 순간 빛이 달라진다.

3월 29일

 감동적일 만큼 아름답게 자라고 있는 어린 단풍나무. 양옆에 있는 관목들보다 훨씬 작고 가냘픈 체구였는데 올해 들어 키가 조금 더 커졌다. 물론 가냘픈 건 여전하다. 하지만 십 년쯤 지나면 처마에 닿을 만큼 커지고 굵어질 것이다. 그럴 가능성을 씨앗에서부터 지닌 나무. 죽지 않는다면. 살아남는다면. 마침내 울창해진다.

3월 30일

　호스타와 같은 종류지만 옥잠화의 잎은 훨씬 여리다. 싹이 트는 시기도 다르고 잎이 나는 모양도 다르다. 훨씬 부드럽다. 속력도 형태도 은은하고 고요하다.
　물론 호스타의 태연한 씩씩함도 좋다.

4월 1일

   정원에 햇빛이 더 필요한 것 같아 거울 세 개를 더 샀다. 아침 9시부터 오후 3시까지 거울로 잡을 수 있는 각도의 햇빛이 드는데, 한 시간에 서너 번 거울의 위치를 바꿔주느라 매우 바쁘다. 3시가 되어 더 이상 내가 햇빛을 줄 수 없게 되면 그늘진 정원을 조용히 바라만 본다. (거울) 햇빛이 드는 정원은…… 너무 아름다워서 가슴이 무지근할 때도 있다.

   씨를 뿌린 야생화는 더 많이 자랐다. 놀라운 것은 일 년 전에 완전히 죽었다고 생각한 관중고사리가 살아서 양칫잎이 올라온 것이다.

4월 2일

빛이 흐린 날은 거울의 빛도 흐려진다. 벽에서 정확한 사각의 모양을 만들지 못해 마치 후광— 나무들의 혼 같다. 내일은 비가 온다고 했다.

4월 3일

옥잠화 잎들이 어여쁘게 둥글어졌다. 단풍잎들도 더 커졌다. 미스김라일락 잎들도 커졌다. (그래도 여전히 작은 잎들이다.)

4월 4일

  불두화와 단풍나무가 마치 시합을 하듯 키가 자란다. 간밤에는 불두화가 조금 더 자랐다. 낮에는 햇빛을 먹고 밤에는 자라나 보다, 식물들은. (사람 아이들처럼.)

4월 6일

블루베리꽃이 피었다.
라일락도 곧 필 것 같다.

4월 8일

거울의 빛을 사용하는 다른 방법을 찾았다. 거울이 반사한 빛을 한 번 더 반사하도록 하는 것이다. 빛이 비스듬히 잎들을 가로지를 때 행복한데, 이 감정은 아마 식물과 공생하도록 진화된 인간의 본성인 것 같다.

4월 12일

물을 마시며 마당의 나무들을 본다.
봄이 된 지 얼마 되지 않았는데 벌써 여름으로 간다.

4월 17일

  이틀 만에 정원을 자세히 살펴보니 꽃들이 피어났다. 동그란 블루베리꽃은 블루베리 열매와 꼭 닮았다. 라일락은 희게 피었다. 신기한 것은 작년에 완전히 죽은 줄 알았던 둥굴레가 야생화 씨앗들과 함께 다시 싹 튼 것이다. 관중고사리도 그렇게 되살아나서 나를 놀라게 했는데…… 흙 위로 꼭 죽은 것처럼 보여도 뿌리가 살아 있으면 되살 수 있다는 걸 알게 되었다.

4월 18일

불두화 가지들은 새 같다. 날아오르는 것 같다.

라일락은…… 왜 계속 하얀 채로 피어 있는 걸까. 작년에는 분명히 연보랏빛이었는데. 햇빛이 부족했을까.

옥잠은 무성해졌다. 잎이 둥글고 아름답다. 열한 살부터 스물일곱 살까지 살았던 집에서 8월과 9월에 꽃 피던 기억이 나서 심은 것이다. 작년에는 꽃을 피우지 않았는데 올해는 어떨까?

정원을 키울 수는 없으니 내가 레고 인형처럼 작아졌다고 상상했다. 그럼 울창한 숲이겠지, 압도하는.

4월 23일

1. 라일락에 살짝 보랏빛이 들었는데 작년처럼 진하지 않다. 색이 옅어지는 이유가 뭔지 알아봐야겠다.
2. 내가 벽으로 거울 빛을 쏘아주지 않자, 단풍나무가 스스로 마당 가운데를 향해 몸을 틀었다.
3. 블루베리 흰 꽃에 보라색이 들고 있다.
4. 관중고사리 작은 잎이 또 나온다. '뿌리를 뽑아야 해'라는 말을 이해하게 됐다. 뿌리에는 힘이 있다.

4월 24일

어제 대문을 열고 들어와 정원부터 보았는데 나무들이 힘들어하는 게 느껴졌다. 갑자기 기온이 오르니 물이 부족했던 거다. 서둘러 물을 주었는데 저녁이 되니 처진 잎들이 다시 살아나기 시작하는 게 느껴졌다. 앞으로 일주일 동안 비 예보가 없다. 사흘에 한 번씩 물을 주어야겠다.

4월 25일

지붕에 노란 꽃이 피었다.

2019년에도 피어 있었는데 내가 걱정하니 목수님이 뽑지 않아도 된다고 했었다. 크게 자랄 풀은 뽑아야 하지만 저렇게 작은 것은 해가 되지 않는다고.

4월 26일

칠 년 동안 써온 소설을 완성했다.

USB 메모리를 청바지 호주머니에 넣고 저녁 내내 걸었다.

5월 3일

불두화 꽃대가 아직도 올라오지 않았다. 다른 곳의 불두화들은 꽃 피었는데. 개화 시기를 검색해보니 꽃대는 진작 올라왔어야 한다. (부처님오신날 즈음 가장 활짝 피어 '불두화'라고 이름 붙여진 것이다.) 올해에는 꽃을 피울 예정이 없는 것일 수도 있고, 그저 많이 늦어지는 것일 수도 있다. 어느 쪽이든 건강하고 무성하니 그걸로 됐다고, 원하는 대로 하라고 속으로 말해주었다. (나무에게 내 말은 아무 의미 없겠지만.)

5월 11일

불두화 가지 여린 끝에 진딧물이 생겨 그 부분을 잘라냈다. 생장점이 잘려버려서, 이제 키가 크려면 다른 가지가 자라야 한다. 그 김에 알아보니 불두화는 이 년 묵은 꽃대에서만 꽃이 핀다고 한다. 그러니까 이 나무는 아마 올해 세 살인 거다. 내년에 꽃 피기로 하고 올해는 잘 자라라.

5월 25일

 작년에 꽃을 안 피웠던 호스타가 꽃대를 네 개나 올리고 있다.

 불두화 가지에 있던, 선녀벌레라는 예쁜 이름의 하얗고 어딘가 으스스한 해충을 물티슈로 꼼꼼히 닦아냈다. (다행히 진딧물처럼 무서운 해충은 아니라서 가지를 보존해도 된다고 한다.) 그 일을 하는 사이 거미줄에 막 걸릴 뻔한 파리가 달아나는 걸 보았다. 불두화와 단풍나무와 라일락은 서로의 영역으로 침투해 햇빛을 더 받으려고 투쟁 중이다.

5월 31일

불두화가 너무나 맹렬히 옆으로 뻗어나가 단풍나무 잎을 덮어버려서 마끈으로 좀 모아주었다.

햇빛이 좋고 하늘이 아주 파랗다.

6월 3일

　블루베리 잎이 무성해 단풍나무를 가리고 열매도 열리지 않아 가지를 좀 솎아주었다. 더 과감하게 가위질을 해야 하는 걸까? 좀더 마음이 독해질 때 다시 해보겠다.

6월 5일

 방금 참새 한 마리가 두 화분들 사이로 걸어 다니다 지붕으로 날아올라 사라졌다. 쥐인 줄 알고 기겁을 하며 안경을 썼는데 너무나 어여쁜 새였다. 며칠 전에는 나비도 들어왔었다.

6월 6일

 남중 고도가 점점 높아지기 때문에 늘 거울의 위치를 바꿔줘야 한다. 이틀 정도는 괜찮지만 그 이상 시간이 흐르면 거울이 제 역할을 하지 못한다. 지구는 내가 생각한 것보다 빨리 자전하고 공전한다.

 식물을 기를 때는 오직 그들이 잘 자라기만을 바란다. 나와 상호작용을 해줄 것을 기대하지 않는다. 농담도 위트도 감사도 따뜻한 말도 필요하지 않다. 그냥 잘 있어주기만 하면 된다.

6월 7일

호스타꽃이 피고 있다. 이 멋진 꽃들 때문에 나비와 벌이 오는 거다.

불두화가 누워서 자라지 않게 마끈으로 더 묶어주고 있는데 빗방울이 떨어졌고, 선녀벌레가 새하얀 솜 같은 몸으로 블루베리 잎사귀 위를 기어가는 놀랍고 으스스한 모습을 보았다. 얼른 잡아서 비닐봉지에 넣었는데…… 아, 왜 이름이 선녀벌레인지 알 것 같다. 도저히 벌레로 보이지 않는다. 생물처럼 보이지도, 이 세상 것처럼 보이지도 않는다. 그런데 그게 기어다니며 식물을 먹는다!

6월 10일

  선녀벌레 네 마리를 발견해 물티슈로 닦아냈다. 흰 벽에 보호색으로 붙어 있는 또 한 마리를 발견해 잡으려는데…… 갑자기 날아올랐다. 선녀벌레는 날 수 있다!

6월 11일

 단풍나무보다 빨리 자라며, 힘차게 서슴없이 단풍잎들을 덮으며 가지를 뻗는 불두화와 라일락을 보면 단풍나무를 보호하고 싶어진다. 학급에서 가장 내성적인 아이를 지켜보는 담임선생님처럼.

6월 12일

호스타꽃 한 송이가 완전히 피었다.

참새 두 마리가 지붕에 있다가 마당으로 들어와 단풍나무에 앉아 있다 갔다. 블루베리 화분 옆으로도 몇 발짝 걸어 다녔다. 들어올 만한 곳이라고 새들이 생각했다니 어쩐지 으쓱해졌다. 지붕에서 처음 무슨 소리가 났을 때는 소리가 날 수 없는 방향이라서 놀라 올려다봤다. 우박일까, 무슨 돌가루 같은 건가 생각했는데 예쁜 새 머리가 함석 빗물받이에서 쏙 나타났다. 소리를 내면 안 될 것 같아서 움직이지 않고 가만히 지켜봤다.

6월 20일

  꽃댕강나무에서 꽃이 피었다. 5월에 피는 꽃인데 이제 피는 걸 보면 확실히 마당에 햇빛이 부족한가 보다. 앵두는 익다가 말았고 블루베리는 한 알도 열리지 않았다. 처음 나무들의 목록을 정할 때 조경사님이 '과실수는 안 돼요. 북향 마당이라서'라고 한 것이 사실이었다. 그래도 꽃은 피어 다행이다.

6월 22일

불두화 잎에 하얀 물감을 뿌린 것 같은 점들이 생겼다. 뭘까? 며칠 돌보지 않아 혹시 선녀벌레가 또 나타나지 않았나 하고 살펴보다 발견한 것이다.

조경사님에게 사진을 보내니 응애라는 답이 왔다. 살충제를 뿌리라고 한다. 그대로 두면 잎이 말라버린다고 한다. 불두화는 빨리 자라고 벌레가 괴롭히는 나무구나.

6월 23일

 어제 약국에서 인체에 해가 덜하고 반려동물에게 뿌려도 된다는 저독성 살충제를 사 와 불두화 잎들의 뒷면에 뿌렸다. 마스크를 쓰고 고무장갑을 끼고 장화도 신고 나름 준비를 했지만, 처음이라 요령이 없어 머리카락에도 이마에도 묻고, 무엇보다 내가 제대로 하고 있는 건지 의문이 들어 괴로웠다. 나무 안쪽으로 이미 응애 벌레가 고사시켜 바짝 마른 나뭇잎들이 제법 떨어져 있고, 붙어 있던 잎들도 내 손이 닿자마자 우수수 떨어져 내리는 걸 보고 이게 간단한 문제가 아니란 걸 알았다. 조경사님이 '응애의 계절이잖아요. 저도 응애와 전투 중이에요'라고 말한 이유를. 샤워를 하고, 약을 뿌릴 때 입었던 옷을 모두 세탁한 다음 약속에 늦지 않게 나갔다.

 늦은 오후 소나기가 내렸을 때는 살충제가 다 씻겨 바닥까지 적셨을 거란 생각에, 응애가 깨끗이 사라질 거란 희망에 기뻤다. 그런데 아침에 마당에 나가니, 여러 마리 있던 거미들이 다 사라졌다. 날파리도 쥐며느리도 개미도 사라졌다. 서늘하고 무서운 마음. 쓸쓸한 마음.

6월 25일

불두화 잎. 그 무성했던 여름 잎들이 응애 피해로 이른 봄처럼 성글어졌다. 내가 요령 없이 뿌린 살충제는 남은 잎들에도 흉터를 남겼다. 살아남을 수 있을까. 다시 울창해질 수 있을까. 정원은 여전히 어떤 곤충도 없이 고요하다.

7월 25일

단풍나무와 라일락 나무가 그사이 제법 자랐다. 불두화는 겨우 살아 있다. 어디까지 크려는지 모를 꽃댕강나무 가지 하나가 햇빛에 반짝거린다.

이제 32도 정도는 선선하게 느껴진다.
(이렇게 쓰고 나서 확인해보니 34도다.)

8월 22일

 응애가 어떻게 되었는지 잊기 전에 기록해두어야겠다. 응애들이 공격한 불두화의 잎들이 모두 말라 떨어지기 전에(잎이 한 번에 다 떨어지면 나무는 죽는다고 한다) 모든 잎사귀들의 뒷면에 다시 일일이 살충제를 뿌렸다. 살아남은 몇몇 응애들이 살충제가 묻어 있는 불두화를 떠나 블루베리와 앵두 분재 화분으로 옮겨 간 모양으로, 며칠 안 온 사이 그 잎들을 갈색으로 바싹 말려버렸다. 어떻게 해야 할지 몰라 일단 두 화분을 대문 밖으로 내놓았다. 밤에 75리터 종량제 봉투 두 장을 사 와 넣으려고 보니 화분들이 사라져버렸다. 재활용품인 줄 알고 구청 청소과에서 실어 간 것이다.

 그렇게 마당이 단출해졌다. 조그만 생태계의 감염병과 방역 방제를 경험한 셈이다. 이제는 화분을 더 들이고 싶지 않다. 있는 식물들만이라도 잘 키우고 싶다.

8월 24일

올해에도 옥잠화는 꽃을 피우지 않았다.
거울 빛을 비춰줄 때 옥잠화에도 늘 신경을 썼지만 부족했던 거다.

9월 5일

책이 나와 며칠간 정원을 들여다볼 틈이 없었다.
파주로 가는 택시를 기다리는 잠깐 동안 살펴보니 단풍잎 다섯 장이 빨갛게 물들어 있었다.

10월 13일

가을에 햇빛의 각도가 어떻게 변하는지 날마다 배운다.
거기 맞춰 거울의 위치도 조금씩 바꾼다.

11월 6일

모든 나뭇잎들이 물들고 있다.

**11월 15일**

  10월부터는 어떻게 해도 햇빛의 각도가 거울들에 닿지 않아 내내 나무들이 그늘에 있었다. 햇빛은 점점 더 낮고 길게 누워서 들어오다가, 11월이 되자 마루 유리창에 반사되어 나무들의 아래쪽에 닿기 시작했다. 지난 2월을 생각해보면, 햇빛이 더 깊게 누워 마루 안쪽 끝까지 볕이 들어왔고, 유리창에 반사된 빛이 화단을 온전히 비췄었다.

**12월 18일**

내 작은 집의 풍경에는 바깥 세계가 없다. 중정이 주는 평화. 내면의 풍경 같은 마당.

행인도 거리도 우연의 순간도 없다.
그걸 잊지 않으려면 자주 대문 밖으로 나가야 한다.

하지만 이 내향적인 집에도 외부로 열려 있는 방향이 있다. 마당의 하늘. 그 하늘에서 떨어지는 눈을 오래 보고 있었다.

12월 19일

   기와에 쌓인 눈이 햇빛에 녹으며 홈통으로 흘러내리는 소리를 듣는다.

   음악 같다.

2022

4월 12일

해가 바뀌고 처음 정원 일기를 쓴다.

며칠 전 단풍나무를 뒤덮었던 백여 마리 진딧물에 친환경 살충제를 한 마리씩 다 뿌려주었는데, 혹시 빠뜨린 진딧물이 있진 않았을까, 그 사이 모든 나무들이 진딧물에 덮여버린 것 아닐까 걱정했다. 최악의 상황을 상상하며 약국에서 살충제를 하나 더 사서 오랜만에 대문을 열고 들어왔는데, 놀라워라, 모두 무사하다. 모든 나무들이 고요히 잎을 틔웠다.

4월 21일

조그만 집.

자라는 나무들.

5월 19일

  그사이 진딧물에 덮인 불두화 가지 두 개를 잘라버리고, 몇 마리만 있던 가지에는 살충제를 뿌려놓았다. 여린 새잎만 골라 집중적으로 괴롭히는 진딧물이 밉다. 불두화 꽃이 올해도 피지 않은 것은 작년과 올해의 병충해 때문인 듯하다.

7월 29일

식물에 진딧물과 응애가 생기는 것이 물 부족 때문이라는 사실을 알게 되어 듬뿍 물을 주었다.

올여름 가장 많이 자란 건 라일락이다. 최대 삼 미터까지도 자란다니 기다려보겠다.

10월 7일

아침에 수도 검침, 정화조 청소를 했다. 대문을 활짝 열고 마당을 쓸고 있는데 거의 동시에 오셔서 금세 일하고 가셨다. 정화조 뚜껑 위에 있던 화분들을 미리 옮겨놓았는데, 이 위치도 나쁘지 않은 것 같아 당분간 이렇게 둘까 한다.

마당에서 하늘을 올려다보는데 기러기들이 ㅅ 자로 날아가고 있었다.

10월 10일

집을 나서면서 나도 모르게 '금방 올게'라고 말했다.

집이 친구 같다.

11월 2일

남향 집은 겨울에 빛 항아리가 된다.

11월 30일

 화단의 수도가 동파되지 않게 낡은 외투로 싸매주는 사이 손이 얼었다. 수도 주변으로 라일락이 얼마나 자랐는지 실감이 났다.

12월 2일

어제 엄마가 처음으로 이 집에 오셨다. 그사이엔 팬데믹 때문에 궁금해만 하다가 시상식에 갈 겸 혼자서 올라오신 것이다. 용산역으로 마중을 나가, 분명히 춥게 입고 오셨을 것 같아 미리 두툼한 패딩을 사서 플랫폼에서 만나자마자 입혀드렸다. 대문을 열고 마당으로 함께 들어서자마자 엄마가 물었다.

세상에, 이 거울은 다 뭐냐?

마루로 들어오셔서는 마당을 내다보며 말씀하셨다.

꼭 너 태어났던 집 닮았다.

집 크기가요?

크기도 그렇고 마당도 그렇고, 꼭 그 느낌이다.

내 첫 기억은 네 살 무렵부터 살았던 집에서 시작된다. 그 전에 삼 년 동안 살았던 최초의 집은 기억에도, 어떤 사진에도 남아 있지 않다. 내가 이 집에 처음 들어선 순간 사랑에 빠진 이유, 이곳에서 보내는 시간이 필설로 설명할 수 없는 온화함으로 경험되는 이유를 이제야 알게 된 걸까?

외풍이 차다며 엄마는 내가 차도 못 끓이게 했다. (창호를 바꿔야지 이렇게 바람이 들어오는 집에서 어떻게 사냐. 나중에 여유가 생기면 꼭 아파트를 사라. 저 지저분한 거울은 다 버려라. 낙엽도 깨끗이 쓸고.) 같이 담요를 덮고 모로 마주 누워 손을 잡고, 시상식에 갈 시간이 올 때까지 이야기를 나누었다.

2023

3월 20일

하루가 다르게 불두화 잎이 피어난다.

3월 27일

올해는 불두화 꽃이 핀다!
세어보니 모두 일곱 송이다.

라일락도 곧 필 것 같다.

3월 30일

북쪽 벽을 초록으로 가득 채우고 싶다고 생각했는데, 시간이 그렇게 해주고 있다.

4월 15일

경이롭다, 불두화. 내 키보다 높게 자랐다.

5월 1일

대문을 들어서면 라일락 향이 그득하다.

더 살아낸 뒤

더 살아낸 뒤
죽기 전의 순간 이런 생각을 할 수 있을까?

나는 인생을 꽉 껴안아보았어.
(글쓰기로.)

사람들을 만났어.
아주 깊게. 진하게.
(글쓰기로.)

충분히 살아냈어.
(글쓰기로.)

햇빛.
햇빛을 오래 바라봤어.

[2023]

사랑이란 어디있을까?
팔딱팔딱 뛰는 나의 가슴 속에 있지.

사랑이란 무얼까?
우리의 가슴과 가슴 사이을 연결해 주는
아름다운 금실이지.